UN

MARTYR LITTÉRAIRE

TOUCHANTES RÉVÉLATIONS

> Tandis que j'excitais des haines profondes qui me poursuivront jusqu'à mon dernier soupir, tandis que les Planche, les Nisard, les Sainte-Beuve, les Villemain se déchaînaient contre moi...
> — ALFRED MICHIELS.

PARIS
TYPOGRAPHIE D'A. RENÉ,
RUE DE SEINE, 32.

1847

UN
MARTYR LITTÉRAIRE

TOUCHANTES REVELATIONS.

CHAPITRE I.

L'heure est enfin venue de rendre justice au caractère et aux écrits d'un pauvre écrivain bafoué — injustement — en France quand il habite la France, et en Belgique alors qu'il séjourne à Bruxelles. N'avons-nous pas nommé M. Michiels? (Ne pas confondre avec Jules Perrier.) Tous les poëtes ou critiques célèbres des deux royaumes s'accordent à dire qu'il ne sait pas écrire, mais qu'en revanche il est fort ignorant. Nous confondrons ses accusateurs en publiant ici ses états de services.

Comme ses livres ne se vendent pas en France, nous n'avons

pas à les défendre ; contentons-nous de reproduire ici ses jugements sans appel sur les hommes dont s'honore la littérature française, et sur une revue où n'a pas écrit M. Michiels, mais qui a compté parmi ses rédacteurs Cousin, G. Sand, Rémusat, Sainte-Beuve, etc. etc.

OPINIONS DE M. MICHIELS

SUR

SAINTE-BEUVE, P. CHASLES, G. PLANCHE, Alfred de MUSSET, E. QUINET, D. NISARD, A. HOUSSAYE et quelques autres (1).

Voici le tableau qu'offre à nos yeux la *Revue des Deux-Mondes* : troupe de médiocrités avides ; leur seul désir est l'accroissement de leur fortune ; *ils* évaluent la gloire par sous et par deniers ; tout ce qui pourrait amoindrir leur gain excite en eux une implacable haine.

MICHIELS.

———

Que ces messieurs s'évertuent, qu'ils embrassent les genoux du pouvoir, qu'ils aillent partout mendier des secours, ils périront inévitablement, s'ils ne purifient leurs cœurs et ne marchent sur *nos pas* dans la route que nous leur traçons.

MICHIELS.

———

Pendant seize années, les rédacteurs du *Globe* et ceux de la *Revue des Deux-Mondes*, son héritière, n'ont pas eu à eux *tous* une *seule* idée.

MICHIELS.

———

Lorsqu'on veut dessiller leurs paupières et leur tendre une main secourable pour les retirer de la fosse où ils languissent, ils s'abandonnent à une violente rage et ils essaient de vous lapider.

MICHIELS.

———

(1) *France littéraire*, nouvelle série, t. I, II et III, 1840. — Paris, Challamel. Articles de M. Michiels sur les critiques du XIXe siècle.

L'insignifiance ne saurait aller plus loin; leur âme infirme n'entend plus l'harmonie de l'univers idéal. La coalition qu'ils ont formée me semble d'autant plus lâche et plus odieuse qu'ils ne combattent point pour des principes. MICHIELS.

Les Pensées d'août, cette collection de bouts rimés, où les chevilles submergent le texte.

M. Jean est une histoire prise dans une charmante pièce de Millevoye.

M. Saint-Beuve a donc trahi les desseins de la Providence; il n'a pas su se montrer digne de ses faveurs; froid, stérile et aveugle, il a méconnu les grâces dont il était l'objet.

Poteau dressé au milieu d'un carrefour littéraire, pour enseigner la bonne route à la jeunesse, mais, hélas! dont l'inscription était absente. MICHIELS.

La mauvaise foi et *les intrigues* des rédacteurs de la *Revue des Deux-Mondes* sont dans le nord de l'Europe aussi bien connues qu'en France. MICHIELS.

M. de Musset imite les sottes affectations de Byron, après avoir imité son désordre moral, ses doutes, ses formes et ses allures.

M. de Musset endosse la livrée de Boileau et se trouve réduit à faire des pastiches de La Fontaine.

M. de Musset, le jacobin romantique, ne dédaigna point de suivre la même route que M. Planche. Il bafoua ses anciens compagnons d'armes et obtint une place : il ne perdit que son talent. M. Sainte-Beuve crut devoir apostasier à son tour ; on le hissa dans une des niches de l'Institut. MICHIELS.

Les rédacteurs de la *Revue des Deux-Mondes* ont pour la plupart renié l'intelligence humaine; l'intelligence les reniera. La loyauté française s'indigne déjà contre leur astuce. Ils ne laisseront derrière eux aucun principe, aucune idée acquise. Le souvenir de leur ligue et celui de leur châtiment resteront dans l'histoire de notre littérature comme des cages de fer classées au-dessus des portes de nos villes gothiques, où l'on

déposait les crânes des suppliciés, et qui servaient de leçon permanente aux habitants.
MICHIELS.

Nous avons fini l'examen des critiques embusqués à la *Revue des Deux-Mondes*. Bien des erreurs, bien des prétentions bouffonnes ont excité notre sourire, bien des manéges criminels nous ont rempli d'une sainte tristesse ! ! !
MICHIELS.

Quiconque désirait entrer dans la nouvelle confrérie reniait tous les droits de son âme immortelle ; les réclames devenaient de son domaine ; on le lançait contre les auteurs dont on aurait bien voulu se défaire ; on lui ordonnait de tirer sur la jeunesse et sur ceux qui le nommaient auparavant ses frères.
MICHIELS.

La *Revue des Deux-Mondes* ne se contente pas de tout sacrifier chez nous à l'intérêt de son commerce, elle déshonore, en outre, la France à l'étranger ; elle nous fait une réputation de sottise et de perfidie que nous sommes loin de mériter ; elle envoie ses rédacteurs manger le pain des savants d'Allemagne, puis elle leur permet de les insulter bassement.
MICHIELS.

M. AMPÈRE eût mieux fait de ne pas emprunter à M. NISARD une aussi triste assertion ; elle était à sa place au milieu de toutes *les inepties* que débite l'ex-républicain.
MICHIELS.

M. CHASLES commet des méprises étonnantes. Croirait-on qu'il voit dans Notre-Dame de Paris un monument du VIe siècle, et dans Saint-Eustache une merveille du XIIIe ?
MICHIELS.

Si nous n'avions en horreur les lâches calculs de la *Revue des Deux-Mondes*, nous aurions pu comme elle dénigrer un talent manifeste ; nous lui laissons cette honte. Les reproches injustes sont sans portée, de même que des éloges frauduleux.
MICHIELS.

La *Revue des Deux-Mondes* a ôté sa casaque républicaine et nous est apparue en cuisinière du juste-milieu. La littérature a eu son tour. Les idées progressistes sont très-bonnes sans doute, mais l'argent a son prix. Un beau jour, M. Nisard franchit la palissade d'un camp mal situé qu'on voulait rendre à l'ennemi ; l'orgueil et la sottise rayonnaient sur son visage. Ce fut la première lâcheté. — M. Planche fut nommé professeur de littérature pour avoir injurié l'auteur de *Marion de Lorme*. Enfin M. Quinet ayant célébré nos classiques, on le montra tout vivant aux habitants de Lyon.
MICHIELS.

Procès-verbal des *dégâts commis* par M. Planche sur le *bien d'autrui*. L'inventeur de la logique a dérobé son article sur Fielding à Walter Scott et à Defauconpret (qui avait traduit la notice de Walter Scott). Si M. Planche osait nous démentir, nous publierions l'un et l'autre morceau afin de rendre son *vol* plus manifeste. Et *Mathurin?*

Exemple frappant :

WALTER SCOTT.	PLANCHE.
On remarquera que dans *le Pour et le Contre*, Mathurin se livrait moins au luxe du style irlandais. Cette surabondance d'ornements semble toute naturelle aux auteurs et aux orateurs de ce pays, que leur imagination extravagante rend quelquefois semblable à ce paysan, leur compatriote, qui se plaignait que ses jambes couraient plus vite que lui.	Ce qui frappe d'abord dans les plus belles pages de Mathurin, c'est une sorte d'exubérance fastueuse, particulière à son pays; car l'Irlande se distingue de l'Angleterre et de l'Ecosse par l'emphase des images et par le goût des paralogismes. On connaît le mot d'un paysan irlandais qui se plaignait de ce que ses jambes couraient plus vite que lui. Ce caractère a reçu le nom ironique de luxe.

Le style de M. Planche rappelle les enseignes de foire. — Ce qui l'a le plus aidé, c'est son profond charlatanisme. — Il suffit de mettre les lecteurs en garde contre l'ignorance, les emprunts et les mensonges des critiques de la *Revue des Deux-Mondes*. — Chez lui les injures succèdent aux injures. — Je ne descendrai pas jusqu'à réfuter ses insolents libelles. — Un honnête homme n'est pas contraint de suivre son antagoniste dans les endroits suspects où celui-ci pourrait l'attirer. Qu'importent d'ailleurs toutes ses vociférations! Espère-t-il annuler un grand poëte en le calomniant? Ce serait de la démence.
MICHIELS.

Le système appliqué à M. Planche est-il plus heureux avec M. Houssaye. Découpons la page 8 de l'acte d'accusation :

MICHIELS.	HOUSSAYE.
Cette ère importante finit avec le XVe siècle. En quittant Bruges pour Anvers, la peinture prend une nouvelle forme : elle commence son âge héroïque ou chevaleresque. Le goût de cette école l'entraîne vers l'aristocratie bien plutôt que vers le clergé : Rubens, Van Dyck, Gaspard de Crayer, Jordaens, vivent dans l'intimité de la noblesse : ils ne décorent pas seulement les châteaux des seigneurs, ils en possèdent eux-mêmes.	L'âge héroïque va poindre à Anvers, au moment où l'âge religieux est à son déclin : la noblesse prend dans la peinture la place du clergé ; le palais l'emporte sur l'église ; tous les peintres de cette seconde période sont nobles, anoblis, ou vivent noblement en grands seigneurs, avec des laquais et des équipages : ainsi Rubens, Van Dyck, de Crayer, Breughel, Teniers.
Les peintres hollandais forment le troisième âge et complètent le cycle. Dans cette école, les sujets pieux, les actions, le mouvement et les figures héroïques sont abandonnés. La vie de famille, les types ordinaires, l'intérieur des maisons, les soins de chaque jour composent la seule matière qu'elle exploite.	Après l'âge héroïque, la peinture remonte vers le nord, où elle enfante Rembrandt, Ruysdael, Potter ; la noblesse et la religion ne sont plus rien dans leurs œuvres ; c'est la nature, cette fois, qui règne dans toute sa force, son éclat et sa beauté. De l'église au palais il n'y avait qu'un pas ; maintenant, du palais à la maison il n'y a qu'un seuil à franchir.

Et cependant les journaux du gouvernement ont fait sonner toutes leurs trompettes, — certains journaux de l'opposition ont épuisé le vocabulaire de l'éloge : Shakespeare, Corneille, Molière, Jean-Jacques, Schiller et Goethe eussent rougi de s'entendre ainsi vanter. Le ministre de l'intérieur a souscrit pour 50,000 francs, — dans une année désastreuse. — Pauvre France ! — Etonnez-vous ensuite de la démoralisation presque universelle (1) !

Nous avions, avant la lecture des opinions de M. Michiels, une assez bonne opinion de la *Revue des Deux-Mondes* et des hommes qui y ont écrit ; mais aujourd'hui, nous sommes de l'avis de M. Michiels contre l'avis de tout le monde. Foin des moutons de Panurge !

Depuis ces critiques si loyales et si délicates, tous ces intri-

(1) Brochure de M. Jules Perrier. (Ne pas confondre avec M. Michiels.)

gants ont perdu les faveurs de l'opinion publique. Ils se vengent en bafouant M. Michiels, en affirmant qu'on n'a pas voulu de ses travaux à la *Revue des Deux-Mondes*, et en empêchant ses livres de se vendre. L'avenir leur demandera compte de leur conduite. M. Michiels leur avait *tracé la route;* ils n'ont pas voulu la suivre. Nous savons bien que M. Sainte-Beuve a reçu une lettre enthousiaste de M. Michiels, qui le déchire — après la lettre — ; nous savons bien que MM. Villemain et Planche, Nisard et Quinet, Alfred de Musset, Arsène Houssaye et tous les autres disent, qu'ils n'ont jamais entendu parler de lui ; nous savons aussi que toutes ces allégations de M. Michiels sont demeurées sans réponse (1). Preuve évidente qu'on veut infliger le silence à celui qui est si digne du bruit.

(1) Tandis que j'excitais des haines profondes qui me poursuivront jusqu'à mon dernier soupir, tandis que les Planche, les Nisard, les Sainte-Beuve, les Villemain se déchaînaient contre moi...

CHAPITRE II.

Dans notre amour pour la vérité, nous avouerons que M. Michiels n'a pas été aussi bon historien que bon critique. Ce qui a paru de son *Histoire de la peinture flamande et hollandaise* est fort méprisé par les Allemands et par les Belges, par Waagen, André van Hasselt et Charles Hen. Voici comment un critique du Nord, savant et poëte de premier ordre, parle des premiers volumes.

M. Michiels n'en est pas à son premier essai en fait de plagiat. M. Hen a dû vous dire que l'*Histoire de la peinture en Allemagne* est prise textuellement, chapitre par chapitre, paragraphe par paragraphe (à part une bonne collection de non-sens, de contre-sens et d'anachronismes) dans un ouvrage allemand dû à M. Franz Kugler, et imprimé à Berlin, en 1837, sous le titre de : *Handbuch der Geschichte der Malerei* (*Manuel de l'histoire de la peinture*). Voilà un plagiat de 220 pages bien constaté. Il s'est simplement borné à traduire très-mal une partie du deuxième volume de Kugler; il y a intercalé tout au plus la valeur d'une dizaine de pages prises dans Fiorillo, et quelques prénoms de peintres contemporains, qu'il a trouvés dans le grand ouvrage que le comte Raczinsky a consacré à l'art moderne en Allemagne. Voici, monsieur, et vous pouvez aisément, par une simple comparaison, vérifier ce que je vous dis, voici comment les chapitres du travail de M. Michiels correspondent à ceux du livre de Kugler, et les paragraphes correspondent de même dans l'une et l'autre publication :

MICHIELS.	KUGLER.
Premières tentatives, pages 277-309.	pages 1-23.
Style gothique, p. 309-346.	23-43.
Imitation de l'école flamande, p. 346-367.	74-84.
Maîtres du XVIe siècle, p. 367-372.	84-87.
Élèves et imitateurs de Dürer, p. 372-440.	87-125.
Écoles saxonnes, p. 440-456.	125-138.
École de la Haute-Allemagne, p. 456-466	138-146.
Dix-septième et dix-huitième siècles, p. 466-486.	183-184, et p. 303-312.
École moderne, p. 486-494.	312-318.

Maintenant laissons là cet odieux vol littéraire, et permettez-moi de vous communiquer quelques idées au sujet du livre que M. Michiels a intitulé : *Histoire de la peinture flamande et hollandaise.*

Il est évident qu'au moment où il entreprenait ce travail, il n'avait fait aucune étude préparatoire, et qu'il ne savait pas la première lettre de la matière qu'il allait traiter. En effet, il annonce un livre complet en quatre volumes, et il consacre tout le premier tome à une sorte d'introduction ; ensuite il arrive au bout de son troisième tome avant d'avoir même épuisé l'école de transition qui sépare Metsys de Rubens. Par conséquent, combien de volumes lui faudra-t-il encore, s'il veut donner une place convenable aux maitres flamands et hollandais du XVIIe et du XVIIIe siècle ? Ce faux calcul résulte manifestement de l'ignorance profonde de M. Michiels en ce qui concerne l'histoire de l'art flamand et hollandais. N'ayant aucune idée de la matière qu'il se proposait de traiter, ce monsieur se mit bravement à l'œuvre sans avoir songé à se tracer un plan. Puis il a marché au hasard, ne sachant où il allait, ne sachant ce qu'il voulait dire, et surtout ne sachant ce qu'il devait dire. Aussi son premier volume est-il un incroyable fatras, un pêle-mêle de noms, de faits et de choses, une véritable boutique de fripier où traînent toutes les défroques de l'histoire ancienne, de l'histoire du moyen âge et de l'histoire moderne. On y voit que l'auteur s'est battu les flancs pour remplir des feuilles blanches, comme s'il eût craint que la matière ne lui fût défaut. Il serait très-facile de réduire cet énorme volume à vingt pages ; mais ces vingt pages n'appartiendraient plus à M. Michiels ; on les retrouverait dans l'excellent ouvrage que M. Hotto, professeur de l'université de Berlin, a publié sous le titre de : *Geschichte der deutschen und niderlaendischen Malerei* (*Histoire de la peinture allemande et flamande*), et dont ce savant prépare en ce moment une deuxième édition, d'après ce qu'il vient de m'apprendre. Du reste, monsieur, vous avez dû voir dans la petite prochure de M. Hen que M. Michiels se place constamment à côté de la vérité, qu'il fait violence aux données et aux faits historiques pour soutenir les erreurs où son ignorance l'a dû faire tomber, et qu'il ne ressemble pas mal à ces plaideurs de mauvaise foi qui n'hésitent pas à forger des actes frauduleux pour défendre une cause insoutenable. Vous avez dû y voir aussi un incroyable exemple de fatuité littéraire fourni par M. Michiels dans son premier volume (p. 17 et suiv.), où, pour donner un spécimen des biographies qu'il annonce, il insère une notice sur *Karel van Mander,* disant avec une imperturbable audace qu'il en a puisé les éléments dans celle que madame Anne Schoppenhauer a fournie dans son travail sur Jean van Eyck et son école (*Johann von Eyck und seine Nachfolger.* Frankfort, 1822, tome II, p. 180), et dans la biographie hollandaise imprimée à la suite du *Schilderboeck* de van Mander (édition de 1618). Eh bien, M. Michiels a *impudemment menti* en disant qu'il a consulté cette dernière notice ; car, dans celle-ci, qui a été écrite par un ami de van Mander peu de temps après la mort de cet écrivain, les faits et les dates sont présentés dans un ordre tout différent de celui que l'on remarque dans celle qu'a rédigée madame Schoppenhauer; tandis que le travail de M. Michiels est la reproduction textuelle de celui de cette dame, dont il reproduit toutes les erreurs, les bévues, tous les anachronismes, et même les noms propres flamands, horriblement germanisés et dénaturés.

Je ne m'arrête pas à vous détailler tout ce qu'il y a d'absurde, de faux et d'énorme dans les chapitres si ennuyeusement prolixes que M. Michiels a consacrés à l'exposé des lois qui ont présidé au développement de l'art flamand et hollandais. Les trois ou quatre idées justes que vous y remarquerez sont empruntées, je l'ai déjà dit, au livre de M. Hotto. Les erreurs et les absurdités qui y abondent ont été en partie relevées par M. Hen dans sa brochure, bien qu'il s'en faille de beaucoup que M. Hen les ait relevées toutes.

J'aborde directement le chapitre du premier volume de M. Michiels. Il est intitulé : *Premiers essais de la peinture dans les Pays-Bas.* J'y lis (p. 378) ce qui suit : « *La première époque de l'art dans les Pays-Bas est celle qu'on a le moins explorée. On ne trouve d'ailleurs* AUCUN TEXTE DU MOYEN AGE QUI EN PARLE *et en dissipe les ombres.* NOUS ALLONS EN CE MOMENT A LA DÉCOUVERTE. » Je remarque dans ces trois lignes une flagrante ignorance et une prétention exorbitante. Il est vrai que la première période de l'histoire de l'art dans les Pays-Bas a été très-peu explorée, si on veut parler de travaux *publiés*. Mais je sais que cette époque a été en Belgique l'objet de très-sérieuses études, et qu'un travail inédit encore répandra une grande lumière sur cette partie de notre histoire artistique. D'ailleurs, l'absence de travaux publiés, que M. Michiels constate ici, ne devait-elle pas l'engager à faire lui-même des recherches? Car il a osé dire, dans une lettre signée de son nom et glorieusement accueillie par un journal bruxellois, *l'Indépendance,* qu'il se livre à un travail de *Bénédictin,* bien que les Bénédictins ne se bornassent pas à s'emparer des ouvrages des autres. En lisant les nombreuses chroniques du moyen âge que nous possédons, M. Michiels y aurait trouvé un nombre considérable de textes relatifs à l'histoire de l'art en Belgique depuis le IXe siècle jusqu'au XVe. Ainsi, par exemple, qu'il feuillette les *Acta SS. ordinis S. Benedicti,* la collection des *Spicilegium* de Lucas d'Achery, les *Gesta pontificum leodiensium* de Chapeauville, le *Chronicon cameracense* de Baldric, et une foule d'autres ouvrages, et il réunira de quoi faire sur cette période un travail non moins intéressant que celui qu'Emeric David a écrit sur la peinture ancienne. S'il eût procédé de cette manière, il eût été réellement à la découverte. Mais voyons comment il va à la découverte. Pour nous entretenir des premiers essais de la peinture dans les Pays-Bas, il prend le livre de Fiorillo (*Geschichte der zeichnenden Künste in Deutschland und den Niederlanden*) et y trouve la besogne toute mâchée. Il copie ensuite quelques articles insérés dans le *Messager des sciences historiques* qui se publie à Gand, et dans les *Mémoires de l'Académie royale de Belgique*. Enfin il court à la *Bibliothèque de Bourgogne*, à Bruxelles, et demande l'âge du manuscrit à vignettes, soit au savant M. Bock, soit au complaisant M. Frocher. Puis il compile, il écrit, il décrit. Et voilà un travail fait. Si c'est là étudier les sources et faire une œuvre de Bénédictin, je vous assure que les Bénédictins perdent une grande partie de l'estime que j'ai professée toute ma vie pour ces hommes savants et consciencieux. Car enfin croyez-vous que M. Michiels ait lu lui-même les *Acta SS. ordinis S. Benedicti*, qu'il cite bonnement au bas de la page 382 de son premier volume? Pas du tout; il a simplement trouvé ce livre cité par le docteur *Waagen*, dans le chapitre consacré par ce savant à l'histoire de la peinture dans les Pays-Bas avant les frères van Eyk dans son ouvrage intitulé : *Ueber Hubert und Johann van Eyck*, Breslau, 1822, p. 61.

Arrivons maintenant à la biographie de van Eyck, par M. Michiels (tome II, p. 3-168).

Le commencement du 1er chapitre est un abrégé du chapitre II de l'ouvrage de Waagen dont je viens de donner le titre (voir p. 29 et suivantes), et où vous trouverez indiquées dans les notes presque toutes les sources que M. Michiels prétend avoir consultées, et qu'il a tout bonnement copiées dans l'auteur allemand.

La partie du même auteur qui a pour objet l'origine des frères van Eyck (voir p. 8) est également empruntée à Waagen (ouvrage indiqué p. 74 et suiv.), à qui M. Michiels doit aussi les noms des autorités qu'il cite dans ses notes.

Il en est de même de la partie du chapitre qui s'occupe de la découverte de la peinture à l'huile (Michiels, t. II, p. 20-26). Vous y remarquerez un étalage d'érudition que notre faux savant a trouvée toute préparée dans le livre de Waagen (p. 88-131), bien qu'il ne fasse pas même à cet écrivain l'honneur de le citer. Vous le voyez, monsieur, le procédé de M. Michiels est toujours le même. Le livre de M. Arsène Houssaye a paru avant le sien, et il est accusé de l'avoir pillé. Quoique le travail de Waagen soit publié depuis 1822, je ne serais pas étonné d'entendre quelque jour M. Michiels se plaindre d'avoir été pillé par l'écrivain allemand. M. Michiels s'est vanté quelque part (car de quoi ne se vante-t-il pas?) d'avoir reçu des éloges de M. Waagen. Cependant je puis vous certifier que celui-ci, se trouvant à Bruxelles l'année dernière, dans le courant du mois de septembre, a dit (en sortant d'un dîner que lui avait donné M. de Sydow, ambassadeur de Prusse) à M. le docteur Wolff, rédacteur d'une revue flamande intitulée le *Broederhand*, ces paroles, reproduites textuellement dans ce journal (première livraison, 1846, p. 43) : « Le livre de M. Michiels est extrêmement faible. *L'auteur laboure fréquemment son champ avec les chevaux d'autrui, qu'il fait passer pour les siens, et encore le fait-il de la manière la plus effrontée.* »

En un mot, monsieur, examinez attentivement tout l'article consacré aux frères van Eyck, et vous verrez qu'il n'y a pas une seule idée qui appartienne à M. Michiels, pas un seul fait qu'il n'ait trouvé dans un livre contemporain. Les écrivains qu'il copie le plus fréquemment sont : Anne Schoppenhauer, Waagen, Passavant, Schnaase, et les rédacteurs du *Messager des sciences historiques,* de Gand. Les autorités sur lesquelles il s'appuie se trouvent toutes signalées par ces auteurs, de sorte qu'il fait de l'érudition de la manière la plus facile du monde. Souvent même il ne copie pas exactement; preuve : les vers italiens cités dans son deuxième volume, p. 44 et 76. Il les a trouvés dans le livre de Passavant sur Raphaël (*Raphaël von Urbino und sein Vater Giovanni Santi*), t. I, p. 471.

Je regrette, monsieur, que les bornes d'une simple lettre, et surtout le défaut de loisir, m'empêchent de continuer l'examen de cette biographie des frères van Eyck, indigeste compilation où l'ordre et la critique manquent complétement, et dont les auteurs allemands (je ne saurais assez le répéter) ont à peu près seuls fait tous les frais.

La preuve la plus forte de l'ignorance de M. Michiels nous est fournie par lui-même : nous la trouvons dans la biographie tout à fait fantastique de Roger van der Wryden *père* et *fils* qu'il a insérée dans son deuxième volume, p. 202 et suivantes. D'après van Munder, il y eut deux peintres célèbres, nommés Roger. Le premier, qu'il appelle Roger de Bruges, et qui est le *Rogerus Gallicus* de Facius, fut élève immédiat de Jean van Eyck. Le second florissait au commencement du XVIe siècle, portait le nom de Vander Wryden, et mourut de la suette en 1529. Van Munder les signale tous deux comme de grands artistes. Il y a trois ou quatre ans, M. Alphonse Wanters, archiviste de la ville de Bruxelles, découvrit plusieurs comptes anciens, desquels il résulte que Roger de Bruges portait aussi le nom de Vander Wryden, et qu'il était peintre gagiste de la capitale du Brabant en 1436. Cette découverte précieuse engagea M. Wanters à écrire un mémoire dans lequel, malheureusement, ce savant, après avoir confisqué au profit de son Roger les éloges donnés par van Mander aux deux peintres de ce nom, se permit même de supprimer le deuxième Vander Wryden. Ce mémoire fut communiqué à M. Michiels, qui se borna à y puiser tous les renseignements relatifs au premier Roger, et qui, ne voulant pas supprimer le second, se permit arbitrairement de faire de celui-ci le fils de celui-là (voir p. 202 et suiv., t. II). En 1846, M. Wanters se décide à publier son mémoire, qui est en effet imprimé dans le *Messager des sciences historiques*, de Gand. Aussitôt M. Michiels se ravise. Il reprend le travail de M. Wauters, et l'insère presque textuellement dans un troisième volume, p. 390-420. Ceci ne prouve-t-il pas que M. Michiels est d'une grande ignorance ou d'une excessive légèreté? Tantôt il adopte une opinion, tant il la repousse, pour l'adopter de nouveau plus tard. C'est ainsi qu'agissent les hommes qui parlent de choses auxquelles ils n'entendent rien. Dans un volume suivant, M. Michiels devra de nouveau revenir sur ses pas; car je possède plusieurs documents du commencement du XVIe siècle qui prouvent d'une manière irrécusable que le deuxième Roger Vander Wryden a existé aussi bien que le premier. Ces pièces, dont l'autorité ne saurait être révoquée en doute, m'ont fourni les éléments d'un mémoire que je me propose de lire dans la séance que la classe des beaux-arts de l'Académie royale de Belgique tiendra au mois d'octobre prochain. Je prendrai la liberté, monsieur, de vous en envoyer un exemplaire.

Est-il nécessaire que je vous fasse aussi remarquer l'incroyable fatuité de M. Michiels, qui ne se borne pas à se parer de l'érudition et des recherches des autres, mais qui va jusqu'à insinuer que les auteurs qu'il dépouille partagent *son* avis quand il s'attribue impudemment le leur? Voyez la note étrange qui se trouve écrite au bas de la page 174 du deuxième volume. Ne dirait-on pas, en la lisant, que M. Hotto a copié M. Michiels?

Enfin, monsieur, examinez si M. Michiels professe tout le respect nécessaire pour la langue française, lui qui a osé se vanter tout haut à Bruxelles d'être l'égal de Georges Sand, c'est-à-dire d'être l'un des deux auteurs qui écrivent le mieux en France; lui qui a eu l'audace de faire répéter par tous les badauds de Bruxelles qu'après avoir flagellé M. Gustave Planche, il a forcé cet écrivain à quitter pendant quelque temps Paris pour aller cacher en Italie la honte de sa défaite. Par exemple, que dites-vous de cette phrase inconcevable que je lis dans son deuxième volume, p. 172 : « La composition est des plus simples; les traits, les at-
« titudes, les gestes ne manquent pas d'expression, quoiqu'on n'y trouve
« point le sentiment et l'énergie de van Eyck. Le type de la femme s'é-
« loigne de *son* goût; la couleur vive et bonne n'a pas son moelleux et sa
« transparence »?

En résumé, M. Michiels n'a pris à Kugler que 220 pages. Qu'est-ce que cela? Il est vrai qu'il a *reproduit textuellement*, dans son *Histoire de la peinture flamande et hollandaise*, les erreurs, les bévues, tous les anachronismes de madame Schopenhauer. Waagen, le célèbre critique allemand, affirme que M. Michiels *laboure fréquemment son champ avec les chevaux d'autrui, qu'il fait passer effrontément pour les siens.* Mais quelle valeur a donc Waagen en face du certificat de vertu que nous délivrons à M. Michiels? (Ne pas confondre avec Jules Perrier.)

En publiant ceci, nous avons voulu faire connaître M. Michiels et l'arracher à la persécution du silence entreprise avec tant d'ardeur, contre lui, par les Planche, les Sainte-Beuve, les Villemain et autres. C'est un pauvre historien sans doute; mais quel profond et sagace critique! C'est un mauvais écrivain; mais c'est un homme vertueux!

www.ingramcontent.com/pod-product-compliance
Lightning Source LLC
Chambersburg PA
CBHW070438080426
42450CB00031B/2724